Clea

Apéro veggie

Conseils œnologiques Claire Brachet
Photographies Emilie Gaillet

éditions la plage

SOMMAIRE

PETITS PROPOS APÉRITIFS

BOULANGE ET PÂTISSERIES SALÉES

PETITES BOUCHÉES

MINI-BOCAUX

PETITS PROPOS APÉRITIFS

Recevoir des amis à dîner en mode « 100 % végétarien » peut s'avérer compliqué : pour les récalcitrants, le sentiment qu'il « manque quelque chose » est souvent présent au moment du plat principal, même s'il s'agit de votre sublime curry de légumes aux lentilles blondes, aux incroyables épices et à l'enivrant lait de coco. Non, la meilleure solution pour faire tomber les barrières psychologiques des invités aussi efficacement que votre propre stress d'hôte éclairé, c'est l'apéro veggie !

En mode dînatoire, il s'agira de couvrir la table de préparations aussi nombreuses qu'appétissantes et colorées pour que le tour soit joué. L'astuce est là : pas de triptyque entrée-plat-dessert = pas de « truc qui manque ». De plus, ces apéros-là étant beaucoup plus copieux et rassasiants que les apéros « Tuc-saucisson » traditionnels, vos invités auront même souvent l'impression qu'il y a « quelque chose en plus » : couleurs, saveurs, textures et découvertes au menu.

Comme nous ne sommes plus dans les années 1980, je vous propose dans ce livre des recettes radicalement différentes des cakes aux olives et autres pâtés végétaux à l'huile de palme de vos souvenirs d'apéros végé les plus traumatisants. Histoire de surfer sur l'air du temps, on dit donc adieu aux cakes et muffins salés, aux verrines de taboulé assorties de leur feuille de menthe, aux bâtonnets de carotte sans accompagnement, et autres bols de chips et cacahuètes gras, salés et déprimants.

Inspirez, expirez : nous allons nous mettre ensemble à la boulange salée pour proposer à nos invités des babkas délicatement tressées et des feuilletés garnis savamment torsadés, troquer les rondelles de baguette pour les toasts de patate douce et échanger le tarama contre des tartinades de toutes les couleurs. Puis nous allons remplir des mini-bocaux de toutes sortes de chips (de kale), de fromages (vegan), de soupes (jamais sans granola dessus) et de mini-salades (toujours en étages).

Toutes ces préparations sont accompagnées des suggestions de notre experte, Claire Brachet, qui connaît les accords mets végétariens/vins sur le bout des doigts.

Relâchez, trinquez : c'est apéro ce soir !

QUE CHOISIR ?

Pour un apéro réussi, je vous conseille de piocher au moins une recette dans chacun des trois chapitres de ce livre :

- une recette de boulange ou pâtisserie salée (babka, mini-tourtes, bretzel-buns...)
- une recette de petites bouchées (toasts de patate douce, boulettes de pois chiches...)
- et une ou plusieurs de mini-bocaux (velouté de carotte au granola, chips de kale et chou-fleur...).

Choisissez des recettes qui vous demanderont les efforts que vous savez être capable de fournir : si vous rentrez du boulot une heure avant que vos invités ne débarquent, ne vous mettez pas la pression avec des plats de dernière minute et optez plutôt pour tout ce qui peut être préparé la veille (soit la majorité des recettes de ce livre). Au contraire, si vous avez la journée devant vous, faites-vous plaisir !
À côté de cela, il vous suffit de prévoir des petites assiettes dans lesquelles chacun piochera selon son appétit. Surtout, vous n'aurez pas eu à les confectionner mais juste à ouvrir de très bons bocaux ou sachets : olives, légumes grillés et marinés (artichauts, poivrons, aubergines, etc.), chips de légumes, gressins, etc.
Une minute de réflexion avant de faire vos courses : optez au maximum pour des ingrédients bio et de saison. Votre santé, notre planète et les papilles de vos invités vous en remercieront.
Si vous êtes débutant en cuisine végétarienne, peut-être que certains ingrédients de ce livre vous seront totalement inconnus. Je vous les explique un peu plus loin. Si vous ne les trouvez pas, pas d'inquiétude : vous pourrez peut-être vous en passer ou alors les remplacer. Avancez pas à pas : les recettes d'apéro sont simples et idéales pour débuter en cuisine végé !
Si, au contraire, vous êtes un veggie-addict pratiquant et confirmé, n'hésitez pas à en rajouter pour vous amuser. Expert en graines germées, boissons fermentées, pickles de légumes ou ingrédient mystère dans les tartinades salées, laissez parler votre créativité et utilisez les recettes de ce livre comme des canevas à modifier.

ET POUR LE DESSERT ?

Pour un apéro dînatoire digne de ce nom, n'oubliez pas de servir un dessert ! Deux options pour ce dernier :

- Puisque l'apéro est constitué de plein de petits plats, on mise sur un bon gros dessert à partager, de préférence riche en fruits. Le crumble est idéal, mais les tartes (aux pommes, aux prunes, au citron...) ne sont pas loin derrière et plaisent toujours au plus grand nombre. Et si la démagogie vous caractérise, optez donc pour un fondant ou brownie fort en chocolat : je parie qu'on vous en reparlera...

- On continue à jouer le jeu des miniatures portionnées en proposant un ou plusieurs petits desserts dans des bols ou bocaux individuels. Mousse au chocolat (pourquoi pas sur une base d'avocat ?), mini-cheese-cakes vegan aux fruits rouges ou au citron, coupelles de compote et yaourt de coco au granola présentées en étages... Laissez parler votre imagination !

LES INGRÉDIENTS MYSTÈRES

Vous ne les avez jamais rencontrés ? C'est le moment ou jamais de faire connaissance, ils vous rendront de fiers services dans votre exploration de la cuisine végétarienne.

Agar-agar

Algue rouge au fort pouvoir gélifiant, l'agar-agar est l'alternative végétale par excellence à la gélatine (qui, elle, est obtenue à partir d'os de porc ou de bœuf). Choisissez toujours de l'agar-agar en poudre et dosez-le minutieusement. On conseille en général 1 cuillerée à café ultra-rase pour ½ litre de liquide. Le mode d'emploi consiste à mélanger la poudre avec le liquide froid, puis à porter ce dernier à frémissement, maintenu pendant 15 secondes environ. C'est en refroidissant que l'agar-agar gélifie la préparation.

Farine d'épeautre

L'épeautre est une céréale ancienne, cousine du blé. Elle contient du gluten. Il est possible de la remplacer par de la farine de blé dans les recettes de ce livre. Je privilégie pour ma part l'épeautre au blé pour sa saveur rustique et son caractère moins « transformé » que celui du blé tendre d'aujourd'hui.

Farine de pois chiches

Les pois chiches séchés et moulus donnent la farine de pois chiches. 100 % légumineuse, cette poudre est totalement exempte de gluten, mais riche en protéines et en saveurs. On l'utilise généralement en mélange avec une farine plus neutre, riz ou épeautre par exemple, mais on peut également la rallonger d'eau et préparer ainsi des crêpes ou des galettes 100 % pois chiches, appelées panisse ou socca.

Levure de boulanger et flocons de levure

La levure est le produit résultant de la fermentation de champignons microscopiques naturellement présents dans notre environnement, les *Saccharomyces cerevisiae*. On l'utilise depuis l'Antiquité pour fabriquer des boissons fermentées, du pain, du vin, de la bière... En magasin bio, on la trouve en cube (fraîche), en sachet (déshydratée) et aussi en flocons. La levure de boulanger ne contient que des champignons, elle est donc naturellement sans gluten. Les flocons sont en revanche issus de levures bio cultivées sur des céréales, blé ou riz. Ils apportent une saveur « fromagère » aux préparations végétales et cette caractéristique assez unique en son genre les rend difficilement substituables.

Graines de chia

La graine de chia est une variété de sauge originaire d'Amérique du Sud. Sans gluten, le chia est riche en protéines et en fibres solubles et insolubles. Cette richesse en fibres lui permet de gonfler au contact d'un liquide pour former un mucilage (liquide visqueux) facilitateur du transit intestinal. Deux ou trois cuillerées à soupe de graines mélangées à un grand verre de lait végétal suffisent à former un « pudding » sans aucune cuisson nécessaire. En cuisine vegan, elle remplace les œufs pour lier des préparations végétales de type boulettes, galettes, biscuits, gâteaux, etc., au même titre que les graines de lin mais sans broyage obligatoire.

Graines de lin

Les graines de lin sont des oléagineux à la saveur proche de celle des noix et noisettes. Mais impossible de les croquer : leur enveloppe est si résistante qu'elles passent intactes au travers du tube digestif. Pour profiter de leurs bienfaits (richesse en oméga-3) et de leur action liante, il est donc nécessaire de les moudre. On en vient à bout à l'aide d'un moulin à café électrique (vintage) ou d'un blender au moteur puissant (pas forcément très cher). Une fois moulues, on les mélange à trois fois leur volume d'eau pour les transformer en un gel qui pourra remplacer les œufs. Un œuf est remplaçable par 1 cuillerée à soupe de graines de lin moulues et gonflées 10 minutes dans 3 cuillerées à soupe d'eau.

Huile de coco

Le produit du pressage de la pulpe de noix de coco visant à ne conserver que sa partie la plus grasse est appelé « huile de coco » (le résidu constituant la « farine de coco »). Cette huile est naturellement douce et aromatique, mais son goût de coco demeure léger, voire totalement absent dans la version désodorisée. Comme le beurre qu'elle remplace à merveille, l'huile de coco est solide à froid et se liquéfie en chauffant. Elle donne du croquant et de la tenue aux pâtes à tarte et à biscuits, sucrées comme salées.

Poudre à lever

Si la levure de boulanger est (voir ci-contre) issue de champignons, la poudre à lever est en revanche un mélange de différentes poudres. On l'appelle parfois « levure chimique » car, au contact de l'humidité et d'une source de chaleur, elle va provoquer une réaction chimique et un gonflement de la pâte. On l'utilise pour les pâtes à gâteaux, cakes, muffins, etc. La poudre à lever bio est sans phosphates, contrairement à la levure chimique conventionnelle. Elle mêle du bicarbonate de sodium à un composant acide (qui permet d'activer le bicarbonate et de neutraliser sa saveur désagréable) et à un composant neutre (fécule) qui porte les deux premiers.

Miso

Le miso est une pâte fermentée à base de fèves de soja et de céréales (ou sans céréales pour le hatcho miso, le miso noir), de sel, d'eau et d'une culture d'*Aspergillus oryzae* et de lactobacilles. Au Japon, le miso remplace le sel et permet d'obtenir l'incontournable « soupe miso » à laquelle il donne une saveur umami inimitable, qui nappe le palais. Il existe plusieurs « couleurs » de miso, de la plus claire à la plus sombre, dont les saveurs vont crescendo. Le miso blanc est doux, presque biscuité, et s'utilise pour donner de la rondeur et du crémeux à certaines préparations (farces, tartinades par exemple). Le miso brun, le plus usité, s'utilise parcimonieusement et remplace le sel tout en apportant son goût caractéristique, qui donne parfois l'illusion que l'on a ajouté de la viande ou du fromage à un plat pourtant 100 % végétal.

Purée de noix de cajou

Produit du broyage à la meule des noix de cajou, cette purée onctueuse est relativement neutre en goût. Riche en matières grasses, elle remplace idéalement le beurre ou l'huile tout en apportant du crémeux aux préparations de type fromage vegan, sauce nappante ou pâte à tartiner.

Tahin

Le tahin est le produit du broyage des graines de sésame blanc. Il s'agit d'une purée fine et onctueuse à la saveur très ronde, oléagineuse, très légèrement amère. On l'utilise dans de nombreuses recettes de sauces, fromages vegan, crumbles et granolas salés, à la fois pour son goût et son caractère onctueux et liant.

Tofu(s)

Le tofu est issu du caillage du « lait » de soja. Il existe de très nombreuses variétés de tofu, mais nous en retiendrons cinq, incontournables dans les recettes de ce livre. Le tofu ferme nature est le plus classique, sa saveur est fade mais sa consistance idéale pour composer des farces et des garnitures. Ce tofu peut être fumé (tofu fumé) ou aromatisé (tofu aux herbes, aux épices, etc.). On le distingue du tofu soyeux, dont la consistance est beaucoup plus humide et moelleuse. Ce dernier est idéal pour préparer des mousses, des fromages et des pannacottas. Enfin, il existe un tofu lactofermenté, très intéressant en cuisine végétale car sa saveur évoque celles de la levure et du fromage.

LES ALTERNATIVES AU PAIN

Marre des mini-toasts à la baguette et des tortilla-chips ? Remplacez-les par des rondelles de :

- Panisse. Cette préparation à base d'eau et de farine de pois chiches peut être préparée maison, mais le plus simple dans le cas présent est de l'acheter au rayon frais des magasins bio, sous la forme d'un boudin que l'on découpe en rondelles de 5 mm d'épaisseur. Il suffit ensuite de les poêler dans un peu d'huile d'olive ou de les cuire au four jusqu'à ce qu'elles soient bien dorées, avant de les tartiner de tapenade ou de pesto rosso.
- Patate douce (voir page 44).
- Pomme de terre. Choisissez des pommes de terre bien larges et coupez-les en rondelles de 1 cm d'épaisseur sans les peler. Badigeonnez-les d'huile d'olive et faites-les dorer au four pendant une bonne vingtaine de minutes à 180 °C. À garnir de fromage vegan, houmous de haricots blancs et autres tartinades aux antipastis.
- Aubergine. Même traitement que les pommes de terre, en prenant garde à ne pas les surcuire sous peine de les réduire en purée !

LES TARTINADES EXPRESS

Ayez toujours au frigo une barquette de tofu soyeux et un bocal d'antipastis, qu'il vous suffira de mixer pour obtenir une délicieuse tartinade en 3 minutes chrono. Si vous avez le temps, ajoutez-y des oléagineux torréfiés (amandes, noisettes, pignons), des câpres ou une gousse d'ail pour donner du relief, et éventuellement un peu de mie de pain pour une texture plus ferme. Tous les accords sont permis : tomates séchées et pignons, artichauts marinés et amandes grillées, poivrons confits, noix et mélasse de grenade, etc.

SUGGESTIONS DE VIN VEGAN PAR CLAIRE BRACHET

Avant de vous laisser découvrir les plats savoureux de Clea, quelques petites précisions sur les boissons suggérées.

Les vins et les bières proposés ont été sélectionnés afin d'accompagner au mieux les recettes de Clea. Ils sont de plus 100 % végétaux et bio : aucun produit, qu'il soit d'origine animale ou pétrochimique, n'a été ajouté pendant les processus de fabrication. Car hélas oui, le vin n'est pas toujours constitué uniquement de jus de raisin fermenté. Plusieurs dizaines de produits phytosanitaires, chimiques et d'origine animale peuvent être ajoutés à la grappe originelle. Que ce soit pour traiter la vigne, pendant les vendanges, ou encore durant la vinification. Impossible de les citer tous ici car ils sont plus de deux cents, mais ceux d'origine animale sont moins nombreux. Il est ainsi possible de trouver :

- Du blanc d'œuf : c'est l'ingrédient le plus souvent utilisé pour « coller » les vins (enlever les résidus de raisins).
- De la colle de poisson : on l'obtient en faisant fondre dans de l'eau la peau, la tête et les arêtes de poisson.
- De la gélatine : issue des peaux et os d'animaux. Elle est utilisée pour le collage mais également pour adoucir les vins trop tanniques.
- De l'albumine de sang animal : ce produit est interdit depuis 1997 en France. On le trouve donc uniquement dans les millésimes anciens.
- De la caséine : issue du lait de vache.

Actuellement, le nombre de vins labellisés « Vegan » se comptent sur les doigts d'une main. Heureusement, il est possible de trouver des vins non-nocifs pour la planète et les êtres humains (dans le cadre d'une consommation modérée bien évidemment), et respectueux des animaux. Ce sont les vins dits « naturels », « vivants » et plus largement produits en biodynamie car ils s'en tiennent au 100 % raisin.

Le cas des bières n'est pas différent. Aussi, et cela vaut également pour une question de saveurs, osez renoncer à la blonde trop légère en goût des brasseries industrielles. De nombreuses brasseries indépendantes proposent aujourd'hui des produits hyper-gourmands, bio, locaux et vegan de fait.

Certains vins reviennent à plusieurs occasions, vous permettant de construire un apéritif autour d'une seule bouteille si vous le souhaitez. Et, si vous ne trouvez pas les vins cités, ne vous inquiétez pas. En vous basant sur les cépages mentionnés, et en écoutant votre envie du moment, vous pourrez trouver une bouteille adéquate.

Enfin, petit conseil pour celles et ceux qui préfèrent limiter leur consommation d'alcool : oubliez les nectars de fruit et sodas trop sucrés. Orientez-vous plutôt vers une limonade artisanale peu sucrée, un jus de pomme ou de tomate, ou même du thé (noir à la place d'un vin rouge, vert pour remplacer un vin blanc).

Boulange

et pâtisseries salées

PERSONNES
8

PAIN-ÉTOILE
À LA COURGE CONFITE, OLIVES ET FRUITS SECS

Un degré au-dessus du feuilleté tressé (voir page 17), il y a le pain garni et savamment arrangé en forme d'étoile (ou de flocons de neige, selon la météo du jour). Gageons qu'il suscitera au moins des applaudissements !

POUR LA PÂTE • 5 g de levure de boulanger déshydratée • 50 g d'huile d'olive • 200 g de farine d'épeautre T65 • 200 g de farine d'épeautre T80 • 2 c. à café de sel

POUR LA GARNITURE • 400 g de courge butternut ou potimarron • 2 gousses d'ail • 2 échalotes • 1 c. à soupe d'huile d'olive • 1 c. à soupe de vinaigre balsamique • 1 c. à soupe de sirop d'agave • 1 c. à café d'herbes de Provence • 20 g de pistaches • 20 g d'amandes • 12 olives Kalamata

Délayer la levure dans 200 ml d'eau tiède et laisser reposer 5 minutes. Ajouter l'huile, les farines et le sel. Pétrir au robot ou à la main pendant une dizaine de minutes. Former une boule, couvrir et laisser reposer 1 heure dans un endroit tiède. Couper le ou les légume(s) choisi(s) en cubes et disposer sur une plaque de cuisson. Ajouter l'ail et les échalotes pelés et hachés, l'huile d'olive, le vinaigre, le sirop d'agave et les herbes de Provence. Cuire au four préchauffé à 180 °C pendant 30 minutes. Enfourner également les pistaches et les amandes pendant 20 minutes. Hacher les amandes, les pistaches et les olives. Séparer la pâte en 4 boules et abaisser chacune en un cercle de 25 cm de diamètre environ. Placer un premier cercle de pâte sur une plaque de cuisson. Y répartir la moitié des légumes. Disposer un autre cercle par-dessus et y répartir les amandes, les pistaches et les olives. Couvrir d'un troisième cercle, et y répartir le reste des légumes. Recouvrir du dernier cercle de pâte. Souder les bords des 4 cercles. Poser un verre au centre afin d'en délimiter le contour. Découper 4 parts sans dépasser le contour marqué par le verre, donc sans les séparer. De la même manière, couper chaque part en deux, puis encore en deux. On obtient 16 parts non détachables. Entortiller les parts entre elles deux par deux, puis souder l'extrémité de 2 duos entre eux. On obtient 8 duos soudés entre eux, soit 4 couronnes de tresses reliées par la partie centrale. Préchauffer le four à 180 °C, et enfourner pour 25 minutes. Servir tiède ou froid.

VERSION ESTIVALE : Remplacer la courge par de l'aubergine.

SUGGESTION DE VINS VEGAN Avec les légumes, on boit forcément du vin blanc. C'est faux ! La preuve avec cette recette cumulant tous les bons points permettant d'oser un vin rouge (légumes confits, herbes de Provence, olives noires, etc.).

Simon – **Clos Marie - AOC Languedoc / Pic Saint Loup** – Rouge
Assemblage de grenache noir, syrah et mourvèdre

PERSONNES 8

BABKA
AUX HERBES ET AUX NOIX

Originaire d'Europe de l'Est, la babka est une brioche sucrée, garnie, tressée puis roulée. Naturellement vegan, elle est facile à adapter en recette salée, et tout aussi agréable à préparer et à déguster que la version originale.

POUR LA PÂTE • 1 c. à café de levure de boulanger déshydratée • 2 c. à soupe d'huile d'olive • 1 c. à soupe de tahin • Sel • 250 g de farine d'épeautre blanche

POUR LA GARNITURE • 125 g de tofu nature • 1 c. à soupe bombée de miso blanc • 1 c. à soupe de tahin • 1 c. à café bombée de moutarde douce • 6 c. à soupe d'herbes aromatiques ou de feuilles vertes hachées (persil, basilic, céleri...) • 12 cerneaux de noix

Dans le bol du pétrin, délayer la levure avec 50 ml d'eau légèrement tiédie. Laisser reposer pendant 5 minutes, puis ajouter 100 ml d'eau tiède, l'huile, le tahin, le sucre, 1 cuillerée à café de sel et la farine. Pétrir pendant 10 minutes. Couvrir et laisser lever pendant 1 h 30.

Mixer les éléments de la garniture, sauf les cerneaux de noix que l'on ajoute concassés. Abaisser la pâte sur le plan de travail fariné pour former un large carré. Tartiner de garniture. Rouler la pâte de la gauche vers la droite. Couper le rouleau en deux dans la longueur. Tresser les deux lanières ainsi obtenues en les soudant à l'extrémité. Placer dans un moule à cake et laisser reposer le temps de préchauffer le four à 200 °C. Enfourner pour 40 minutes.

PLUS ESTIVAL : Remplacer la garniture par du tofu soyeux mixé avec des antipastis (tomates séchées, artichauts ou poivrons marinés).

SUGGESTION DE VINS VEGAN Cette recette tout en rondeur appelle un vin du même acabit. Miso, noix et moutarde guident nos pas de concert vers un vin blanc boisé.

Ressaca – **Domaine Arletaz - Vin de France** – Blanc
Assemblage de grenaches blanc et gris,
élevage en barrique.

PERSONNES 8

FEUILLETÉ SOLEIL

À LA TAPENADE DATTES-OLIVES ET AUX NOISETTES

Si vous avez été convié à un apéro au cours de l'année écoulée, il y a peu de chances que vous ayez échappé au feuilleté tressé en forme de soleil dardant ses rayons. Normal : de la pâte feuilletée et une très bonne tartinade dedans, c'est la garantie d'un apéro qui plaît aux petits comme aux grands !

INGRÉDIENTS • 25 g de pâte de datte (ou le même poids de chair de dattes trempées 1 nuit et égouttées) • 50 g de pâte d'olive (ou le même poids d'olives noires dénoyautées et hachées) • 1 c. à soupe d'huile d'olive • 1 c. à soupe de jus de citron • 2 rouleaux de pâte feuilletée • 2 c. à soupe de lait végétal • 2 c. à soupe de noisettes

Mixer la pâte de datte avec la pâte d'olive, l'huile et le jus de citron. Ajouter si nécessaire 1 cuillerée à soupe d'eau pour que la tapenade soit fluide. Dérouler un premier rouleau de pâte feuilletée et tartiner avec la tapenade. Dérouler la seconde pâte feuilletée et déposer sur la première. Badigeonner la surface de lait végétal et parsemer de noisettes concassées. Placer un verre retourné au centre du cercle. Découper quatre parts sans dépasser le contour marqué par le verre, donc sans les séparer. De la même manière, couper chaque part en deux, puis encore en deux. On obtient 16 parts non détachables. Torsader chaque bande de pâte sur elle-même et ôter le verre. Préchauffer le four à 180 °C, et enfourner pour 25 minutes. Servir tiède ou froid.

LA VERSION SAPIN DE NOËL : Le principe est le même, seule la découpe change. Une fois les 2 cercles superposés, couper une forme de sapin (un petit tronc carré en bas, un grand triangle en haut). Enlever les chutes avec lesquelles vous pourrez réaliser des torsades. Couper dans le sapin des bandes horizontales de 1 cm de large en laissant un « tronc » entier au centre. Torsader les branches sur elles-mêmes.

SUGGESTION DE VINS VEGAN Classiquement, le soleil appelle le rosé. Et il faut savoir reconnaître que les classiques ont parfois du bon. Surtout quand olives noires et dattes font de l'œil à la syrah.

Grain de folie – **Domaine Mamaruta - Vin de France** – Rosé
100 % syrah.

PERSONNES 8

BRETZEL-BUNS

AU PESTO DE ROQUETTE

Autre amusement dans l'air du temps : préparer des petits pains ronds comme des balles de golf et garnis de fromage qui fond, que l'on dispose en cercle autour d'un grand bol de dip ou de pesto. Ici, j'ai remplacé la pâte à pain ou à brioche par une pâte à bretzel, et le fromage qui fond par du pesto à la roquette et au tofu, juste histoire de véganiser les plaisirs...

POUR LA PÂTE • 5 g de levure de boulanger déshydratée • 150 g de farine d'épeautre blanche • 125 g de farine d'épeautre complète • 1 c. à soupe de sucre de canne blond • Sel • 30 g de margarine • 100 ml de lait végétal + pour dorer • 50 g de bicarbonate de sodium

POUR LA GARNITURE • 25 g de roquette ou de mizuna • 50 g de graines de courge • 50 g d'huile d'olive • 100 g de tofu (nature ou lactofermenté)

Dans un saladier, délayer la levure dans 60 ml d'eau tiède. Ajouter les 2 farines, le sucre et 1 cuillerée à café de sel. Creuser un puits et ajouter la margarine et le lait. Pétrir au robot ou à la main pendant 5 minutes. Couvrir et placer 1 h 30 dans un endroit tiède. Laver et sécher la roquette. Couper les tiges. Broyer les feuilles de roquette avec les graines de courge et l'huile. Mixer avec le tofu. Placer au réfrigérateur pendant 1 heure, puis former 16 boulettes de tofu au pesto. Lorsque la pâte a doublé de volume, abaisser pour former un grand carré. Découper 16 carrés. Garnir chaque morceau de pâte d'une portion de tofu et replier les bords pour bien l'y enfermer et former une boule.

Préchauffer le four à 200 °C. Préparer une plaque de cuisson. En parallèle, porter à ébullition 1,5 litre d'eau dans une marmite avec le bicarbonate de sodium. Plonger chaque balle de pâte au pesto dans l'eau frémissante pendant 30 secondes, puis disposer sur la plaque de cuisson. Lorsque les 16 balles sont prêtes, enfourner la plaque pour 10 à 12 minutes. S'il reste de la pâte, on peut découper des triangles et les rouler sur eux-mêmes pour former des mini-croissants. Servir tiède.

VERSION ESTIVALE : Remplacer la roquette par du basilic.

SUGGESTION DE VINS VEGAN Ici, tout se joue autour de la roquette : sa saveur poivrée conduit à privilégier un cépage également épicé. La syrah s'impose donc naturellement.
Grain de folie – Domaine Mamaruta – Vin de France – Rosé
100 % syrah

PERSONNES 8

MINI-TOURTES
LÉGUMES ET COCO

Ces mini-tourtes réjouiront les adeptes de saveurs indiennes : coco, patate douce et choux de deux variétés différentes fondent à l'intérieur d'une pâte crousti-moelleuse, en version chaude comme froide.

POUR LES LÉGUMES • 200 g de patate douce • 150 g de chou-fleur • 1 gousse d'ail • 2 échalotes • 1 c. à soupe d'huile d'olive • 30 g de feuilles de kale • 1 c. à soupe de crème de coco
POUR LA GARNITURE • 1 c. à soupe de graines de lin • 160 g de farine d'épeautre blanche • Sel • 50 g d'huile de coco

Peler la patate douce et couper en morceaux. Placer dans une sauteuse avec 2 cuillerées à soupe d'eau et cuire à l'étouffée pendant 25 minutes. Au bout de 10 minutes, ajouter le chou-fleur détaillé en petits bouquets. Peler, dégermer et émincer finement l'ail et les échalotes. Faire suer dans l'huile d'olive et ajouter les feuilles de kale lavées et hachées. Faire revenir le tout pendant 5 bonnes minutes, puis ajouter les légumes égouttés et écraser grossièrement le tout à la fourchette. Saler et incorporer la crème de coco. Préparer la pâte. Moudre les graines de lin et mélanger avec 3 cuillerées à soupe d'eau. Laisser reposer pendant 10 minutes, puis mélanger avec la farine et 1 pincée de sel. Ajouter l'huile de coco coupée en morceaux et sabler le tout du bout des doigts, jusqu'à ce que l'huile soit totalement incorporée. Ajouter 30 g d'eau et mélanger à l'aide d'une fourchette jusqu'à ce que les ingrédients commencent à s'amalgamer. Former une boule de pâte et malaxer quelques instants avant de la diviser en 2 portions : 2/3 et 1/3. Abaisser la plus grosse boule en formant un rectangle. Le découper en 8 carrés. Foncer le fond et les bords (jusqu'en haut) de 8 moules à muffins. Farcir avec la garniture aux légumes. Abaisser le reste de pâte et découper 8 cercles en utilisant la partie supérieure d'un moule à muffin comme emporte-pièce. Couvrir chaque tourte avec un cercle de pâte et souder les bords. Enfourner pendant 20 minutes dans un four préchauffé à 180 °C. Sortir les tourtes de leurs moules et poser directement sur la grille de cuisson pour 10 minutes supplémentaires. Servir tiède ou froid.

VERSION ESTIVALE : Remplacer la farce par un reste de ratatouille soigneusement égouttée ou bien une béchamel aux champignons bien épaisse.

SUGGESTION DE VINS VEGAN Les choux (qu'ils soient fleur ou kale) et leur saveur légèrement soufrée se marient très bien avec la syrah. Et la patate douce aime le rosé. La conclusion s'impose d'elle-même : il faut sortir une bouteille de syrah rosé.
Grain de folie – **Domaine Mamaruta – Vin de France** – Rosé
100 % syrah

CRACKERS
SÉSAME ET CUMIN

Rien de plus simple à réaliser que des crackers maison : prenez votre meilleure recette de pâte brisée salée, ajoutez-y quelques graines et découpez-la en rectangles avant de l'enfourner. Ou bien optez pour cette variante qui vous emmènera directement dans les contrées moyen-orientales, délicieuse avec le houmous.

INGRÉDIENTS • 1 c. à soupe de graines de lin • 40 g de flocons d'avoine • 120 g de farine d'épeautre ou de blé complète ou semi-complète • 1 c. à café de graines de cumin (ou 1 c. à soupe de graines de pavot) • $^1/_4$ de c. à café de paprika moulu (ou autre épice de votre choix) • Sel marin • 50 g d'huile de coco

À l'aide d'un moulin à café électrique ou d'un bon blender, broyer les graines de lin. Mélanger avec les flocons d'avoine, la farine, les graines, le paprika et 1 bonne pincée de sel marin. Ajouter l'huile de coco et malaxer du bout des doigts. Incorporer juste assez d'eau pour pouvoir former une boule de pâte (4 ou 5 cuillerées à soupe). Abaisser entre 2 feuilles de papier cuisson (pour éviter que la pâte ne colle au rouleau) sur une épaisseur de 2 mm. Décoller la première feuille et découper des formes au couteau. Disposer délicatement sur les 2 feuilles de cuisson et enfourner pour 20 minutes à 180 °C. Laisser refroidir avant de déguster et conserver dans une boîte hermétique.

POUR CHANGER : Remplacer les graines de cumin par de la nigelle, du za'atar ou du curry en poudre.

SUGGESTION DE VINS VEGAN De délicieux crackers craquant sous la dent et un verre de vin blanc gouleyant, voilà la promesse d'un agréable instant.
Menetou-Salon – **Domaine Philippe Gilbert**
AOC Menetou-Salon – Blanc
100 % sauvignon blanc

GREEN GAUFRES

AVOCAT ET BROCOLI

**Osons déloger les gaufres du créneau du goûter et du petit déjeuner : à l'apéro, c'est totalement le moment !
À condition qu'elles soient à base de purée de légumes et généreusement garnies, cela va mieux en le disant.**

POUR LES GAUFRES • 150 g de brocoli • 150 g de lait de soja • 1 c. à soupe de graines de chia • 50 g de purée de noix de cajou • 1 c. à soupe de pesto verde • 100 g de farine d'épeautre T65 blanche

POUR LE DIP • 2 avocats mûrs • 2 c. à soupe de jus de citron • 3 c. à soupe de graines d'alfalfa germées • 1 c. à soupe de miso blanc • 2 c. à café de thé matcha (facultatif)

POUR SERVIR • Pousses d'épinard ou graines germées

Détailler le brocoli en bouquets et cuire à l'étouffée pendant 20 minutes. Mixer avec le lait de soja, les graines de chia, la purée de noix de cajou et le pesto. Incorporer la farine et laisser reposer quelques minutes.
Faire chauffer le gaufrier, puis cuire de petites gaufres une à une, 3 minutes environ. Réserver sous un torchon pour les garder au chaud.
Pour le dip, mixer les ingrédients.
Chacun peut tremper ses gaufres dans le dip et ajouter des pousses d'épinard ou des graines germées avant de déguster. On peut également garnir généreusement les gaufres et les poser sur un plateau avant de servir.

PLUS ESTIVAL : Remplacer la purée d'avocat par une crème de tofu soyeux aux antipastis (tomates séchées, artichauts ou poivrons marinés).

SUGGESTION DE VINS VEGAN Cette recette toute de vert vêtue est le parfait terrain de jeu du sauvignon.
Menetou-Salon **– Domaine Philippe Gilbert**
AOC Menetou-Salon – Blanc
100 % sauvignon blanc

PERSONNES 8

FOUGASSE

ARC-EN-CIEL

La fougasse classique est une pâte à pain agrémentée d'olives noires et d'huile d'olive : simple, rapide, efficace... et pas très rigolo. Si on s'amuse à démultiplier les garnitures et à les disposer en rayures colorées, voire en damier gourmand, on ne joue plus du tout dans la même cour !

POUR LA PÂTE • 1 c. à café de levure de boulanger déshydratée • 2 c. à soupe d'huile d'olive • 220 g de farine d'épeautre blanche • 150 g de farine d'épeautre complète • 70 g de polenta instantanée [non cuite à l'eau] • 1,5 c. à café de sucre de canne blond • Sel

POUR LA GARNITURE • 1 oignon rouge • 1 courgette • 1 c. à soupe d'huile d'olive • 1 c. à soupe de vinaigre balsamique • 1,5 c. à café d'herbes de Provence • 15 olives Kalamata

Faire tiédir 250 ml d'eau et placer dans le bol du robot pétrisseur ou le fond d'un grand saladier. Ajouter la levure, mélanger et laisser reposer pendant 5 minutes. Ajouter l'huile, les farines, la polenta, le sucre et 1 cuillerée à café de sel. Pétrir au robot (ou à la main) pendant 10 minutes. Couvrir et laisser lever pendant 1 h 30 dans un endroit tiède. Pendant ce temps, peler et émincer l'oignon. Couper la courgette en petits cubes (sans la peler). Faire revenir l'oignon dans l'huile d'olive jusqu'à légère coloration, puis ajouter le vinaigre balsamique, remuer pendant 1 minute et réserver. Dans la même poêle, faire revenir les cubes de courgette avec ½ cuillerée à café d'herbes de Provence jusqu'à ce qu'ils soient dorés. Préchauffer le four à 200 °C. Abaisser la pâte de la fougasse sur une plaque de cuisson huilée et farinée en formant un rectangle de 2 cm d'épaisseur. Garnir le côté gauche (le plus court) du rectangle d'une rangée d'oignons sur une largeur de 2 cm environ. À côté, répartir une rangée de courgette, puis une autre d'olives dénoyautées et coupées en deux. Continuer ainsi jusqu'à épuisement, pour faire environ 3 rangées de chaque ingrédient. Parsemer le tout d'herbes de Provence. Enfourner pour 15 à 18 minutes environ. Servir tiède ou froid.

POUR CHANGER : Remplacer les oignons par des tomates cerise, ajouter des pignons, des graines de courge, des légumes marinés...

SUGGESTION DE VINS VEGAN De belles saveurs provençales qui ouvrent de nouveau la voie au grenache noir, cépage phare du Sud aux notes de garrigue.
Mais où est donc Ornicar – **Domaine Jean-Baptiste Senat**
AOP Minervois – Rouge
Assemblage de grenache noir, mourvèdre et cinsault

PERSONNES 8

PULL-OUT
BREAD

Connaissez-vous le pull-out bread ? Il en existe de nombreuses variantes, la plus simple étant un pain-boule prédécoupé façon hérisson et garni d'ail et de fromage qui fond. La recette que je vous propose ici consiste plutôt en des tranches de pâte à pain tartinées d'une délicieuse garniture et collées les unes aux autres avant d'être enfournées. À chacun ensuite de déchirer la sienne – si elle est tiède, c'est encore meilleur !

POUR LA PÂTE • 5 g de levure de boulanger déshydratée • 150 ml de lait végétal nature • 2 c. à soupe d'huile d'olive • 2 c. à soupe de vinaigre de cidre • 1 c. à soupe de sucre de canne blond • 1 c. à café de sel • 300 g de farine d'épeautre blanche • 300 g de farine d'épeautre complète + pour fariner

POUR LA GARNITURE • 2 c. à soupe d'huile d'olive • 1 citron • 1 c. à soupe de purée de noix de cajou • 1 c. à soupe de miso blanc • 1 c. à café de moutarde douce • 1/2 c. à café de sauge séchée • 1 pointe de couteau de paprika

Dans le bol du pétrin, délayer la levure avec 50 ml d'eau légèrement tiédie. Laisser reposer pendant 5 minutes, puis ajouter 150 ml d'eau tiède, le lait, l'huile, le vinaigre, le sucre, le sel et les farines. Pétrir pendant 10 minutes. Couvrir et laisser lever pendant 1 h 30. Mélanger à la fourchette les éléments de la garniture. Abaisser la pâte sur le plan de travail fariné pour former un large carré. Tartiner de garniture. Couper le grand carré en 12 carrés de même taille. Décoller un carré et le poser sur le suivant. Poser ainsi tous les carrés les uns sur les autres. À l'aide d'un couteau, décoller délicatement la pile du plan de travail et placer à l'horizontale dans un moule à cake. Préchauffer le four à 180 °C. Enfourner pour 45 minutes.

POUR CHANGER : Ajouter de l'ail ou des fines herbes hachées dans la garniture.

SUGGESTION DE VINS VEGAN Un pain que l'on déchire avec les doigts, cela donne envie de boire au goulot, non ? Donc, petite échappée du côté de la bière.
Mais où est donc Ornicar – **Domaine Jean-Baptiste Senat**
Oliphant – Brasserie de l'Être
Bière blonde IPA

Petites bouchées

PERSONNES 8

BOULETTES DE POIS CHICHES

ET PATATE DOUCE SAUCE TAHIN

Roulez boulettes ! Le traditionnel falafel est ici sérieusement revisité, enrichi d'épices et de fruits secs, pour le meilleur, assurément.

INGRÉDIENTS • 200 g de patate douce • 1/2 oignon jaune • 1 gousse d'ail • 1 c. à soupe d'huile d'olive • 240 g de pois chiches (pesé cuits) et pelés • 1 orange • 10 g de raisins secs ou cranberries • 20 g de dattes (pesées dénoyautées) • 50 g de farine de pois chiches • 1 pincée de piment d'Espelette • 3 c. à soupe de menthe hachée • 3 c. à soupe de persil haché • Sel • 25 g d'amandes • 25 g de noisettes

POUR SERVIR • 1 mini-laitue • 1 c. à soupe de tahin • 2 c. à soupe de mélasse de grenade ou de jus d'orange fraîchement pressée • 1 yaourt de soja • 1 pincée de cumin en poudre • 1 grenade

Peler la patate douce et couper en morceaux. Cuire à l'étouffée pendant 20 minutes, jusqu'à ce que sa chair soit tendre. Faire revenir l'oignon et l'ail pelés et émincés dans l'huile d'olive. Mixer grossièrement la chair de la patate douce avec oignon, ail et pois chiches pelés. Incorporer le zeste de l'orange finement râpé, les raisins secs et les dattes émincés, la farine, le piment, les herbes et 1 bonne pincée de sel. Réfrigérer pendant 30 minutes. Réduire les amandes et les noisettes en poudre. Façonner des boulettes et rouler dans la panure d'amande-noisette. Disposer sur une plaque de cuisson huilée. Cuire pendant 20 minutes au four préchauffé à 180 °C.
Découper les feuilles de mini-laitue, rincer et sécher. Mélanger le tahin avec la mélasse (ou le jus d'orange), le yaourt et le cumin. Faire rouler la grenade sur le plan de travail en appuyant pour détacher les arilles de leurs membranes. Ouvrir et récupérer les graines à la petite cuillère. Déposer 2 boulettes sur chaque feuille de mini-laitue, napper de sauce et décorer de graines de grenade.

VERSION ESTIVALE : Remplacer l'orange par du citron et les fruits secs par des cranberries.

SUGGESTION DE VINS VEGAN Ces boulettes tout à la fois épicées, acidulées et tout en rondeur doivent être accompagnées par un vin blanc sec mais pas acide, à la fraîcheur fleurie.
Métiss – Domaine Bott-Geyl
AOC Alsace – Blanc
Assemblage de muscat, riesling, pinot blanc et chasselas

BOUCHÉES DE TOFU

CORIANDRE ET CACAHUÈTE

Coco, coriandre et cacahuète : un trio de choc qui fonctionne sous toutes les formes. En petites bouchées à tremper dans une sauce cacahuète et citron vert, c'est inratable !

POUR LES BOUCHÉES • 1 c. à soupe de graines de lin • 300 g de tofu nature • 100 g de purée de patate douce ou de pomme de terre • 1 c. à soupe rase d'huile de coco • 1 c. à soupe bombée de beurre de cacahuète • 1 gousse d'ail • 1 échalote • 2 c. à soupe de ciboulette hachée • 2 c. à soupe de coriandre hachée • 1 c. à soupe de sauce de soja • 2 c. à soupe de cacahuètes concassées • 1/2 c. à café de curry en poudre • 8 c. à soupe de fécule de maïs ou de pomme de terre

POUR LA SAUCE • 2 c. à soupe de purée de cacahuète • 2 c. à soupe de jus de citron vert • 1 c. à soupe de sauce de soja

À l'aide d'un moulin à café électrique ou d'un bon blender, réduire les graines de lin en poudre. Mélanger avec 3 cuillerées à soupe d'eau et laisser reposer. Émietter le tofu dans un saladier et écraser à la fourchette avec la purée de patate douce, l'huile de coco, le beurre de cacahuète, l'ail et l'échalote pelés et hachés, les herbes, la sauce de soja, les cacahuètes concassées, le curry et la fécule. Répartir le mélange dans 12 moules à muffins légèrement huilés. Enfourner pour 20 minutes dans un four préchauffé à 180 °C. Pour la sauce, battre les différents ingrédients et rallonger avec un peu d'eau chaude. Servir les bouchées de tofu coupées en quatre, avec des petits pics pour les tremper dans la sauce.

VERSION ESTIVALE : Remplacer la moitié du tofu par du tempeh.

SUGGESTION DE VINS VEGAN Ces bouchées aux goûts variés et teintés d'Asie donnent envie de continuer à s'amuser avec un vin riche en saveurs.
Métiss – Domaine Bott-Geyl
AOC Alsace – Blanc
Assemblage de muscat, riesling, pinot blanc et chasselas

MINI-BANH BAO

AU TEMPEH LAQUÉ

Qu'on les nomme banh bao ou baozi, ces petits pains asiatiques très appréciés au Vietnam ou en Chine sont farcis et cuits à la vapeur. Pour l'apéro, servez-les sous la forme de mini-bouchées farcies d'un tempeh délicieusement laqué et parfumé de gingembre et de cacahuète, juste à la sortie de leur bain de vapeur !

POUR LA PÂTE • 150 g de farine de blé ou d'épeautre blanche • 50 g de farine de riz blanche • 20 g de fécule de tapioca ou de maïs • 5 g de levure de boulanger déshydratée • Sel
POUR LA FARCE • 100 g de tempeh • 1 c. à café de moutarde douce • 1 c. à soupe de purée de cacahuète • 1 c. à soupe de sauce de soja • 1 c. à soupe de vinaigre de riz • 1 c. à soupe de sirop de sucre de fleur de coco (ou agave) • 1 gousse d'ail • 1 c. à café de gingembre frais râpé • 1 c. à café d'huile de coco + pour le panier vapeur

Préparer la pâte en mélangeant les farines, la fécule, la levure et ½ cuillerée à café de sel dans le bol du robot pétrisseur. Incorporer 120 ml d'eau tiède et pétrir pendant 10 minutes, jusqu'à obtenir une boule de pâte homogène. Couvrir et laisser lever pendant 1 heure dans un endroit tiède. Hacher le tempeh. Dans un bol, mélanger la moutarde avec la purée de cacahuète, la sauce de soja, le vinaigre de riz, le sirop de sucre de fleur de coco, l'ail et le gingembre pelés et râpés. Ajouter le tempeh et bien mélanger. Chauffer l'huile de coco dans une poêle et faire revenir rapidement le mélange au tempeh, en remuant bien. Réserver. Lorsque la pâte a levé, abaisser pour former un grand rectangle. Découper en 16 rectangles. Garnir chacun d'une petite cuillerée de farce au tempeh, replier les coins vers l'intérieur et former une boule. Déposer la boule, fermeture en bas, dans un panier vapeur badigeonné d'huile de coco. Procéder ainsi pour tous les banh bao. Couvrir et laisser lever pendant 1 heure dans un endroit tiède.

VERSION ESTIVALE : Amusez-vous à tester d'autres garnitures : poêlées de légumes coupés en cubes et assaisonnés d'herbes et aromates, tofu haché et mariné, champignons asiatiques et chou chinois à l'huile de coco et au gingembre, etc.

SUGGESTION DE VINS VEGAN Cela peut sembler inattendu mais Asie et Alsace s'entendent très bien. Le gingembre, la sauce soja et même le tempeh se trouveront donc avantageusement accompagnés par un bon gewurztraminer.
Grand Cru Sonnenglanz **– Domaine Bott-Geyl – AOC Grand Cru d'Alsace – Blanc**
100 % gewurztraminer

PERSONNES 4

NUGGETS
D'AVOCAT

Peut-on cuire l'avocat ? La réponse est oui, surtout si on le pare d'une chapelure croustillante et qu'on l'accompagne d'une fausse mayonnaise plus vraie que nature, régressive à souhait.

POUR LA VÉGANAISE • 1/2 gousse d'ail • 200 g de tofu soyeux • 2 c. à café de moutarde douce • 1 c. à soupe d'huile d'olive • 1 c. à soupe de vinaigre de cidre • 1 pincée de paprika • 1 c. à café de curcuma • 1 pincée de poivre • 1 pincée de sel

POUR LES NUGGETS • 1 c. à soupe bombée de graines de lin • 2 c. à soupe de jus de citron vert • 1/2 c. à café de paprika • 1 pointe de couteau de poivre • Sel • 100 g de chapelure • 3 c. à soupe de farine de riz • 2 avocats mûrs

Préparer la véganaise. Peler et dégermer l'ail. Mixer avec le tofu, la moutarde, l'huile, le vinaigre, le paprika, le curcuma, le poivre et le sel. Préchauffer le four à 200 °C et préparer une plaque de cuisson. Moudre les graines de lin. Mélanger avec 4 cuillerées à soupe d'eau, le jus de citron, le paprika, le poivre et 1 pincée de sel. Laisser reposer pendant 10 minutes. Dans une assiette creuse, mélanger la chapelure et la farine. Couper chaque avocat en deux et ôter la peau et le noyau. Couper chaque demi-avocat en 4 tranches. Passer chaque tranche dans le mélange aux graines de lin, puis dans celui à la chapelure. Disposer sur la plaque de cuisson. Enfourner pour 15 minutes environ.
Servir les nuggets chauds, avec la véganaise.

POUR CHANGER : Remplacer l'avocat par du potimarron coupé en tranches, et le citron vert par du citron jaune. Cuire pendant 30 minutes.

SUGGESTION DE VINS VEGAN De douces épices, un petit côté junk food (de qualité !), cela plaide de nouveau en faveur de la bière.
Oliphant
Brasserie de l'Être
Bière blonde IPA

PERSONNES 8

TOASTS DE PATATE DOUCE

CRÈME DE KALE ET TOMATE

Élue meilleure manière au monde de remplacer le pain, la patate douce toastée est un support ultra-gourmand pour toutes sortes de garnitures crémeuses à l'avocat, au tofu ou aux légumineuses. On peut même les cuire au grille-pain quand on en veut juste une ou deux rondelles. Plus d'excuses pour ne pas se lancer !

POUR LES TOASTS • 1 grosse patate douce ou 2 moyennes • 1 c. à soupe d'huile d'olive • 1 filet de jus de citron • Sel

POUR LA GARNITURE • 240 g de haricots blancs (poids net égoutté) • 1 c. à soupe de purée de noix de cajou • 6 tomates séchées marinées • 1 c. à soupe de jus de citron + pour citronner • 80 g de feuilles de kale ou 4 c. à soupe de fines herbes hachées • 1 avocat ou 1 petite courgette

Préchauffer le four à 200 °C. Laver et sécher la patate douce. Couper en rondelles de 5 mm d'épaisseur et disposer sur une plaque de cuisson. Badigeonner d'huile d'olive et de jus de citron. Parsemer légèrement de sel. Enfourner pour 15 minutes. Disposer les toasts sur un plat de service. Rincer et peler (si possible) les haricots blancs. Mixer avec la purée de cajou, 4 tomates séchées, le jus de citron et les feuilles de kale (ou les fines herbes) hachées. Couper la chair de l'avocat (ou de la courgette) en tout petits cubes. Citronner et saler légèrement. Garnir chaque toast de patate douce de crème de haricots blancs et décorer de cubes d'avocat (ou de courgette) et de pétales de tomates séchées émincées.

POUR CHANGER : Laissez parler votre imagination ! La plupart des tartinades de ce livre se marieront très bien avec les toasts de patate douce : houmous vert ou rose, véganaise, crème d'avocat...

SUGGESTION DE VINS VEGAN La saveur forte et typée des tomates séchées saura accueillir un vin rouge. D'autant plus qu'elles ne sont pas les seules dans cette recette à tirer la manche de l'assemblage grenache/syrah/mourvèdre. La patate douce et les haricots blancs s'y mettent aussi.

Simon – Clos Marie AOC – Languedoc / Pic Saint Loup – Rouge
Assemblage de grenache noir, syrah et mourvèdre

PERSONNES 8

TARTINES
PARTY

Le houmous est un grand classique de l'apéro végétarien, et ce n'est pas parce qu'il est vintage que l'on doit à tout prix le snober... Bien au contraire, il ne demande qu'à être customisé à loisir et à volonté.

POUR LE HOUMOUS VERT • 120 g de pois chiches • 1 petit concombre • 150 g de petits pois cuits • 4 c. à soupe de menthe hachée • 1 c. à soupe de jus de citron • Sel

POUR LE HOUMOUS ROSE • 240 g de haricots rouges • 120 g de betterave cuite • 1 c. à soupe bombée de tahin • 1 c. à soupe de jus de citron • 1 c. à soupe d'huile d'olive • 1/2 c. à café de cumin en poudre

POUR LES TARTINES • Pain complet tranché • Crackers de sarrasin • Toasts de patate douce [voir p. 44] • Rondelles de panisse grillées [voir intro] • Avocat coupé en fines lamelles • Radis roses émincés • Filet de jus de citron • Graines germées de toutes les couleurs • Coriandre ou persil plat

Pour le houmous vert, peler les pois chiches. Peler le concombre, couper en quatre dans la longueur et ôter toute la partie contenant les pépins. Peser 100 g de chair et mixer avec les autres ingrédients du houmous vert en ajoutant 1 pincée de sel. Mixer tous les ingrédients du houmous rose en ajoutant 1 pincée de sel. Préparer des tartines sur les supports de votre choix en alternant houmous rose et houmous vert. Garnir au choix de fines lamelles d'avocat et d'un filet de jus de citron, de mini-tranches de radis rose, de graines germées et/ou de fines herbes émincées. Répartir les tartines sur une planche à découper et servir sans attendre.

POUR CHANGER : Préparer du houmous rouge (aux tomates séchées ou aux poivrons marinés) ou du houmous orange (à la courge butternut ou à la patate douce).

SUGGESTION DE VINS VEGAN Deux recettes pour le prix d'une. Il fallait trouver un vin sachant s'accorder avec ces deux tartinades fort différentes et colorées. Le Montepulciano a accepté le défi et le gagne haut la main.

Coste di moro – Lunaria – DOC Montepulciano d'Abruzzo – Rouge

100 % montepulciano nero

DOSAS

ROULÉS À L'INDIENNE

Les dosas sont l'équivalent indien de nos crêpes, réalisés avec une farine de légumineuse (lentille ou pois chiche) et/ou de farine de riz. Ici, ils sont garnis d'une purée de patate douce bien relevée et d'un chutney express qui associe coco, menthe et coriandre. Ça dépote !

POUR LES DOSAS • 120 g de farine de pois chiches • 80 g de farine de riz complet • 2 c. à café de curry en poudre • Sel

POUR LA GARNITURE • 250 g de purée de patate douce • 1 gousse d'ail • 1 c. à café d'huile de coco • 1 dé de gingembre frais • 1 pointe de couteau de paprika • 1/2 c. à café de curcuma • 2 c. à soupe de coriandre hachée

POUR LE CHUTNEY EXPRESS • 40 g de noix de coco râpée trempée dans l'eau tiède • 1 c. à soupe de graines de sésame • 2 c. à soupe de coriandre hachée • 2 c. à soupe de menthe hachée • 1 pointe de couteau de piment doux • 1 c. à café bombée d'huile de coco

Placer les farines, le curry et 1 pincée de sel dans le bol d'un blender. Ajouter 325 ml d'eau froide, mixer et laisser reposer pendant 1 heure. Écraser à la fourchette la purée de patate douce avec l'ail pelé et pressé, le gingembre frais râpé, les épices, la coriandre et 1 pincée de sel. Faire tremper la noix de coco râpée dans un peu d'eau très chaude pendant 5 minutes. Égoutter, presser et mélanger à la fourchette avec les graines de sésame, les herbes hachées, le piment et l'huile de coco. Lorsque la pâte a suffisamment reposé, faire chauffer une crêpière (huilée si nécessaire) et cuire les dosas exactement comme des crêpes, 1 à 2 minutes de chaque côté. Réserver sur une assiette. Tartiner chaque dosa d'une bonne cuillerée à soupe de purée de patate douce sur une bande dans la largeur. Ajouter 1 cuillerée à café de chutney. Rabattre les côtés sur 1 cm et rouler vers le haut. Couper les dosas en 6 tronçons et placer sur un plat de service, côté coupé vers le haut. Servir chaud, tiède ou froid.

VERSION ESTIVALE : Remplacer la purée de patate douce par de la courgette crue râpée.

SUGGESTION DE VINS VEGAN Le curry donne envie de s'orienter sans hésiter vers un gewurztraminer. Or, ce plat riche en saveur permet de s'aventurer hors de ce chemin connu. Oh, pas bien loin, toujours en Alsace mais du côté du pinot gris.

***Quand le chat n'est pas là* – Domaine Rietsch – AOC Alsace – Blanc**
100 % pinot gris

PERSONNES 6

WRAPS

À LA CRÈME DE LENTILLES CORAIL, DATTES ET CORIANDRE

Une invitation au voyage : c'est ce que nous offre ce houmous qui n'en est plus du tout un, dans lequel les lentilles corail ont remplacé les pois chiches, et le beurre de cacahuète le tahin. On y trouve mille trésors avec les accords enivrants du gingembre et de la coriandre, le fondant sucré des dattes, le croustillant addictif des cacahuètes, et la teinte joyeuse des carottes et du curcuma.

INGRÉDIENTS • 1 échalote • 1 gousse d'ail • 1 c. à soupe d'huile d'olive • 100 g de lentilles corail • 2 carottes • 1 dé de gingembre frais • 1 c. à café de curcuma en poudre • Sel • 1 c. à soupe bombée de beurre de cacahuète • 1 poignée de cacahuètes grillées • 3 dattes • 6 wraps • 1 bouquet de coriandre fraîche

Peler et émincer finement l'échalote. Peler, dégermer et hacher l'ail. Faire revenir dans l'huile d'olive jusqu'à ce que l'échalote soit translucide, puis ajouter les lentilles corail, les carottes pelées et coupées en dés, le gingembre pelé et haché, et le curcuma. Verser deux fois le volume des lentilles corail en eau et porter à légers frémissements. Couvrir et laisser cuire pendant 20 minutes. Mixer avec ½ cuillerée à café de sel et le beurre de cacahuète (note : si la crème paraît trop liquide, ajouter 1 ou 2 cuillerées de petits flocons d'avoine et mixer de nouveau). Hacher grossièrement les cacahuètes et les dattes, et incorporer à la crème de lentilles encore chaude. Tartiner chaque wrap d'une généreuse couche de crème de lentilles. Garnir de feuilles de coriandre. Rouler, puis couper chaque rouleau en tranches et présenter sur une assiette, face coupée au-dessus. Servir sans attendre (ou bien conserver les rouleaux au réfrigérateur et découper au moment de servir).

VERSION ESTIVALE : Remplacer les dattes par des raisins secs ou des cranberries, et les épices par du curry en poudre.

SUGGESTION DE VINS VEGAN Poignée de cacahuètes et verre de rosé, voilà bien un (triste ?) classique de l'apéro... Mais qui n'est pas si bête que ça finalement, surtout quand des carottes et un wrap aux saveurs citronnées sont aussi de la partie.

Grain de folie – Domaine Mamaruta – Vin de France – Rosé
100 % syrah

PERSONNES 8

MAKIS D'AUBERGINE

ET DE COURGETTE AU TOFU ET PESTO ROSSO

C'est probablement la recette que je prépare le plus souvent pendant l'été : il suffit de faire griller les meilleurs légumes de la saison, coupés en tranches, puis de les tartiner de la meilleure tapenade du jour avant de rouler le tout, et cela donne… la meilleure recette des apéros de vacances !

INGRÉDIENTS • 2 aubergines • 2 courgettes • 2 c. à soupe d'huile d'olive • 1 c. à café d'herbes de Provence • Sel • 4 c. à soupe de pesto rosso et/ou de tapenade • 200 g de tofu aux herbes • Basilic frais

Laver les aubergines et les courgettes. Sans les peler, couper dans la longueur en tranches de 5 mm d'épaisseur environ. Disposer sur une plaque de cuisson huilée. Badigeonner d'huile d'olive. Parsemer d'herbes de Provence et ajouter une pincée de sel. Enfourner pour 30 à 40 minutes à 180 °C. Les aubergines doivent être tendres mais pas trop grillées. Les courgettes seront tendres au bout de 20 minutes : les retirer et poursuivre la cuisson pour les aubergines uniquement.

Laisser tiédir quelques minutes, puis disposer quelques tranches d'aubergine ou de courgette sur une planche à découper, et tartiner de pesto ou de tapenade. Ajouter sur chaque tranche un peu de tofu émietté.

Rouler chaque tranche sur elle-même et faire tenir avec un pic. Disposer sur un plat de service et parsemer de basilic ciselé.

POUR CHANGER : Remplacer le tofu par du riz ou du quinoa.

SUGGESTION DE VINS VEGAN Quel point commun peut bien exister entre une aubergine, une courgette et une tomate séchée ? Ce ne sont ni la couleur, ni la saveur… mais bien leur accord avec le gewurztraminer !

Grand Cru Sonnenglanz – Domaine Bott-Geyl – AOC Grand Cru d'Alsace – Blanc

100 % gewurztraminer

PERSONNES 4

RAW-MAKIS

COLORÉS

Du chouffleur cru et mixé qui remplace le riz cuit des sushis : l'astuce est connue mais surprend toujours autant !

POUR LA CRÈME À LA BETTERAVE • 120 g de betterave cuite • 2 dattes • 40 g de cerneaux de noix • 2 c. à soupe d'huile de noix • 1 échalote • 1/2 c. à café de pâte de wasabi

POUR LE « RIZ » • 1/2 chou-fleur • 1/2 c. à soupe de jus de citron

POUR LES SUSHIS • 1/4 de concombre • 1/4 de poivron rouge • 1 poignée de graines germées • 2 feuilles d'algue nori

Préparer la crème à la betterave : mixer la betterave avec les dattes dénoyautées, les cerneaux de noix, l'huile, l'échalote pelée et la pâte de wasabi.
Détailler le chou-fleur en tout petits bouquets, hacher finement puis passer au mixeur pour obtenir une semoule. Saler et mélanger avec le jus de citron. Couper le concombre et le poivron en bâtonnets. Mettre les graines germées à disposition. Placer 1 feuille d'algue nori devant soi et couvrir de « riz » de chou-fleur de manière homogène, en laissant 1 cm sur chaque bord et 2 ou 3 cm en haut. Étaler sur toute une bande, en largeur, à 3 cm du bas de la feuille d'algue de la crème de betterave. Recouvrir de bâtonnets de concombre, de poivron et de graines germées. Enrouler la feuille de nori en partant du bas et en enfermant bien la garniture. Humidifier légèrement le haut de l'algue libre de garniture avant de terminer l'enroulage. Procéder de même avec l'autre rouleau. Couper chaque rouleau en 8 bouchées. Servir sans attendre pour éviter que le chou-fleur ne s'oxyde.

PLUS HIVERNAL : Remplacer les concombres et les poivrons par des bâtonnets de carotte et d'avocat.

SUGGESTION DE VINS VEGAN On ne le sait pas assez : le concombre n'est pas condamné au vin blanc. Il sait s'accorder avec du grenache noir par exemple. Et si l'on ajoute la betterave et l'algue nori, on se dit qu'il serait vraiment dommage de ne pas oser le vin rouge avec ces sushis.

Mais où est donc Ornicar **– Domaine Jean-Baptiste Senat – AOP Minervois – Rouge**
Assemblage de grenache noir, mourvèdre et cinsault

Mini-bocaux

PERSONNES 4

VELOUTÉ
DE CAROTTE ET GRANOLA SALÉ

Toutes les soupes (ou presque) peuvent être revisitées en format apéro. C'est même une excellente idée, car elles apportent une portion de fibres et de vitamines à un repas qui parfois en manque un tantinet. Mais pas question de les servir sans un délicieux granola salé.

POUR LE GRANOLA • 50 g de petits flocons d'avoine • 25 g de sarrasin décortiqué • 10 g de graines de courge • 10 g de graines de sésame • 20 g de pistaches • 1 c. à café de moutarde douce • 1 c. à café rase de miso brun • 1 c. à soupe de purée de cajou • 1 c. à soupe d'huile d'olive • 1 c. à soupe de sirop d'agave

POUR LE VELOUTÉ • 1 échalote • 1 gousse d'ail • 500 g de carottes • 1 c. à soupe d'huile d'olive • 1/2 c. à café de bouillon en poudre • 200 ml de lait d'amande

Préparer le granola. Préchauffer le four à 180 °C. Dans un saladier, mélanger les flocons, le sarrasin, les graines et les pistaches. À l'aide d'une fourchette, incorporer les autres ingrédients du granola. Émietter sur une plaque de cuisson. Cuire à 180 °C pendant 15 à 20 minutes en surveillant, car le mélange peut brûler très vite. Remuer une fois ou deux en cours de cuisson. Une fois refroidi, conserver dans un bocal (jusqu'à 8 jours). Préparer le velouté. Peler et émincer l'échalote. Éplucher les carottes et couper en morceaux. Faire revenir dans un faitout avec l'huile d'olive. Ajouter 200 ml d'eau et le bouillon, porter à frémissement et cuire pendant 20 minutes. Mixer avec le lait d'amande. Goûter, saler si nécessaire. Réchauffer au moment de servir, dans des mini-bols ou des petits bocaux, avec une belle cuillerée de granola.

POUR CHANGER : Optez pour le velouté de votre choix : chou-fleur et purée de cacahuète, fenouil et purée d'amande, potimarron et crème de soja…

SUGGESTION DE VINS VEGAN Voici une recette tout en douceur et délicatement sucrée grâce aux carottes et à l'amande notamment. Une bonne occasion de prouver encore une fois que le gewurztraminer est un très bon ami de la cuisine végétale.

Grand Cru Sonnenglanz – Domaine Bott-Geyl – AOC Grand Cru d'Alsace – Blanc
100 % gewurztraminer

PERSONNES 4

CHIPS

DE CHOU-FLEUR ET CHOU KALE

Certaines mauvaises langues prétendent que le chou kale ne serait déjà plus tendance… Qu'à cela ne tienne, on s'en moque complètement : c'est bon, et surtout c'est enfin supra-simple à dégoter dans tous les bons magasins bio ! Une fois malaxées avec un peu d'huile et de jus de citron, les feuilles de kale deviennent archi-tendres et sortent du four croustillantes et dorées, tout comme les tranchettes de choufleur taillées à la mandoline. À consommer sans attendre et sans modération, car elles seront molles quelques heures plus tard.

POUR LE KALE • 80 g de feuilles de chou kale (soit 3 ou 4 tiges) • 1 c. à soupe d'huile de coco solide (ou huile d'olive) • 1 c. à soupe de purée de noix de cajou (ou sésame) • 1 c. à soupe de jus de citron (ou vinaigre de cidre) • 1 gousse d'ail (facultative) • 1 pincée de paprika en poudre • Fleur de sel (optionnelle)

POUR LE CHOU-FLEUR • 1 petite tête de chou-fleur • 1 c. à soupe d'huile d'olive • 1/4 de c. à café de cumin ou de paprika en poudre • 1 pincée de curcuma en poudre

Préchauffer le four à 175 °C. Laver et sécher les feuilles de kale. Dans un plat creux, mélanger l'huile de coco ramollie, la purée de noix de cajou, le jus de citron, l'ail pelé, dégermé et pressé, le paprika et 1 pincée de sel. Une fois le mélange homogène, ajouter les feuilles de kale et mélanger avec la sauce tout en les malaxant pour attendrir leurs fibres. Répartir sur une plaque de cuisson. Les feuilles de kale ne doivent pas se chevaucher. Tailler le chou-fleur à la mandoline pour obtenir des tranches de 2 mm d'épaisseur environ. Disposer sur une seconde plaque de cuisson et badigeonner d'huile d'olive. Parsemer d'épices et d'une très légère pincée de sel. Enfourner les 2 plaques pour 10 à 15 minutes en surveillant et en retournant à mi-cuisson. Laisser refroidir 5 minutes et placer les chips dans des petits bocaux avant de servir.

POUR CHANGER : Toutes les purées d'oléagineux et épices sont permises ! Noisette et cumin, amande et curcuma, noix de cajou et curry…

SUGGESTION DE VINS VEGAN Qui dit chips dit bière, non ? D'autant plus que la petite touche acidulée de ces chips de choux se réjouira de rencontrer une belle IPA.

Oliphant
Brasserie de l'Être
Bière blonde IPA

PERSONNES 8

CHUTNEY
DE FIGUES ET FROMAGE VEGAN

Comme un fromage au lait animal, cette préparation vegan à la saveur oléagineuse et fromagère se tartine ou se déguste à la petite cuillère, accompagnée de votre meilleur chutney.

POUR LE FROMAGE • 100 g de noix du Brésil • 100 g de noix de cajou • 100 g de tofu lactofermenté nature • 1 c. à soupe de flocons de levure maltée • 2 c. à café de jus de citron • 1/2 c. à café de vinaigre de cidre • Sel • 1 c. à soupe de persil haché

POUR LE CHUTNEY • 1 belle échalote • 1/2 c. à soupe d'huile d'olive • 30 ml de vinaigre de cidre • 30 g de sucre complet • 5 g de gingembre confit • 30 g de fruits secs (raisins, figues, cranberries, dattes) • 1 bâton de cannelle • Sel et poivre • 200 g de figues fraîches

POUR SERVIR • 16 cerneaux de noix

Faire tremper les noix du Brésil et les noix de cajou pendant 8 heures dans un saladier d'eau. Égoutter et passer au blender avec le reste des ingrédients (hormis le persil) et ½ cuillerée à café de sel. Mixer jusqu'à ce que la pâte soit bien homogène. Ajouter le persil haché, puis malaxer et rouler en forme de boudin. Emballer dans une feuille de film alimentaire ou de papier cuisson en serrant bien. Placer au réfrigérateur pendant 1 heure au moins (jusqu'à 5 jours).
Préparer le chutney. Peler et émincer l'échalote. Chauffer l'huile d'olive dans une marmite et faire suer à couvert pendant 5 minutes. Ajouter le vinaigre, le sucre complet, le gingembre confit finement haché, les fruits secs (hachés pour les figues et les dattes), la cannelle, poivre et sel. Laisser mijoter à couvert pendant 10 minutes. Ajouter les figues fraîches coupées en quatre. Couvrir et laisser mijoter pendant 15 minutes. Mixer en laissant quelques morceaux et répartir dans 8 petits bocaux.
Émietter de belles portions de fromage dans les bocaux et décorer de cerneaux de noix concassés. Servir avec du pain grillé et/ou une petite cuillère.

VERSION HIVERNALE : Remplacer les figues par des kumquats.

SUGGESTION DE VINS VEGAN De belles figues doucement confiturées et épicées, c'est exactement ce qui sied au pinot gris.

Quand le chat n'est pas là – Domaine Rietsch
AOC Alsace – Blanc
100 % pinot gris

PERSONNES 8

MINI-LAYER-SALADE

LENTILLES VERTES ET LÉGUMES RÔTIS

Une mini-salade à étages qu'il suffit de retourner dans un bol avant d'en mélanger les ingrédients à sa guise... C'est infiniment plus ludique et esthétique qu'un grand saladier où chacun est invité à piocher, isn't it ? Le concept plaît en outre beaucoup aux enfants pour qui on ne se privera pas de revisiter les salades de riz ou de pâtes qu'ils aiment tant.

POUR LA SALADE • 150 g de potimarron (pesé épépiné) • 1 petit oignon rouge • 1 c. à soupe d'huile d'olive • 1 c. à soupe de vinaigre balsamique • 1/2 c. à café d'herbes de Provence • Sel • 100 g de lentilles vertes • 2 c. à soupe de persil frais haché • 1/2 grenade • 16 cerneaux de noix

POUR LA SAUCE • 1 c. à café de moutarde douce • 1 c. à soupe rase de tahin • 100 g de yaourt végétal (soja ou chanvre)

Préchauffer le four à 200 °C. Couper le potimarron en tranches de 5 mm d'épaisseur, puis en petits cubes. Peler l'oignon et couper en fines rondelles. Séparer les rondelles pour obtenir des anneaux. Placer les légumes sur une plaque de cuisson et napper d'huile d'olive et de vinaigre balsamique. Ajouter les herbes de Provence et 1 pincée de sel. Bien mélanger et enfourner pour 20 minutes. Peser les lentilles dans un verre et verser dans une casserole avec trois fois leur volume d'eau froide. Porter à frémissement et laisser cuire pendant 20 minutes. Laisser reposer 10 minutes à couvert, saler et mélanger avec le persil. Prélever les arilles de la grenade et concasser les noix. Mélanger tous les ingrédients de la sauce avec 1 pincée de sel. Préparer 8 mini-bocaux (ou pots de yaourt en verre). Placer 2 cuillerées à café de sauce au fond de chaque bocal, puis y répartir dans l'ordre les légumes, les lentilles, les graines de grenade et les cerneaux de noix. Servir les bocaux en proposant à chacun d'en verser le contenu dans un petit bol et de mélanger à sa guise avant de déguster.

POUR CHANGER : Remplacer le potimarron par d'autres légumes racines ou courges en hiver (panais, carotte, butternut) ou bien, en été, par des légumes à ratatouille (aubergine, courgette, tomate – dans ce cas, remplacer également la grenade par des feuilles de basilic frais). On peut ajouter des cubes d'avocat citronnés.

SUGGESTION DE VINS VEGAN Une salade avec une saveur différente à chaque étage, ce n'est pas un problème dès lors que l'on a un frais et léger assemblage alsacien sous la main.

Métiss – Domaine Bott-Geyl
AOC Alsace – Blanc
Assemblage de muscat, riesling, pinot blanc et chasselas

PERSONNES 4

PANNACOTTAS

TOMATE ET DUKKAH PISTACHE-NOISETTE

La pannacotta est morte, vive la pannacotta ! Déringardisez cette mamie de l'apéro en verrines en lui ajoutant une délicieuse (et très tendance) dukkah, poudre de graines et d'oléagineux à tomber par terre et grande concurrente du granola pour faire twister soupes et salades.

POUR LES PANNACOTTAS • 8 pétales de tomates séchées marinées • 200 g de tofu soyeux • 1 c. à café de purée d'ail (ou 1 gousse d'ail pelée et pressée) • 1 c. à soupe rase de purée de noix de cajou • Sel • 120 ml de lait végétal • 1/2 c. à café d'agar-agar

POUR LA DUKKAH • 20 g de pistaches • 20 g de noisettes • 1 c. à café de graines de fenouil • 1 c. à soupe de graines de cumin • 2 c. à soupe de graines de sésame • 1 c. à café de fleur de sel

Préparer les pannacottas. Mixer les pétales de tomates séchées avec le tofu soyeux, la purée d'ail, la purée de cajou et 1 bonne pincée de sel. Verser le lait dans une petite casserole et ajouter l'agar-agar en pluie. Porter à frémissement et laisser frémir pendant 15 secondes. Mixer avec le mélange au tofu et verser dans 4 petits bocaux. Laisser refroidir à température ambiante puis placer au réfrigérateur pendant au moins 1 heure (ou la veille pour le lendemain). Préparer la dukkah. Préchauffer le four à 160 °C. Enfourner les pistaches et les noisettes pour 20 minutes. Placer dans un mortier ou dans le bol d'un mixeur. Faire chauffer une poêle sans matière grasse et faire dorer les graines de fenouil pendant 30 secondes. Ajouter le cumin et remuer pendant 30 secondes. Réserver. Faire dorer les graines de sésame pendant 1 à 2 minutes. Ajouter le sel et broyer le tout au mortier ou au mixeur (pas trop finement). Laisser refroidir. Parsemer les pannacottas de dukkah au moment de servir. Conserver le reste de dukkah dans un pot en verre jusqu'à 1 mois.

VERSION TOUTE VERTE : Remplacer les tomates séchées par 100 g de petits pois, un filet de jus de citron et une généreuse cuillerée de pesto verde.

SUGGESTION DE VINS VEGAN Osez aller au bout de la révolution de la pannacotta en la mariant à un vin rouge ! Les tomates séchées sont là pour vous y aider.

Simon – Clos Marie
AOC Languedoc / Pic Saint Loup – Rouge
Assemblage de grenache noir, syrah et mourvèdre

PERSONNES 4

AMANDES

CAJOUS ET POIS CHICHES RÔTIS AU CURRY

Piocher sans vergogne dans un bol de cacahuètes salées est l'un des plus grands plaisirs coupables de tout apéro qui joue les prolongations. Et comme on aime ça et qu'il n'est pas question de s'en priver, je vous propose de revisiter ici la chose avec des légumineuses et des épices, histoire de la rendre… encore plus acceptable !

INGRÉDIENTS • 15 g de farine de pois chiches • 2 c. à café de curry ou de garam masala en poudre • 1 c. à soupe d'huile de coco • 120 g de pois chiches cuits (poids net égoutté) • 60 g d'amandes • 60 g de noix de cajou • Fleur de sel

Préchauffer le four à 180 °C.
Dans une assiette creuse, mélanger la farine de pois chiches avec les épices, l'huile de coco fondue et 40 ml d'eau. Ajouter les pois chiches pelés, les amandes et les noix de cajou.
Répartir sur une plaque de cuisson huilée et enfourner pour 20 à 30 minutes, jusqu'à ce que les fruits secs soient grillés. Mélanger une fois en cours de cuisson, puis après cuisson en ajoutant 1 bonne pincée de fleur de sel.
Laisser refroidir et répartir dans des petits bocaux pour servir.
Le mélange se conserve 4 jours dans un bocal en verre.

POUR CHANGER : Remplacer la poudre de curry par des épices chaï (gingembre, cannelle, cardamome…).

SUGGESTION DE VINS VEGAN Oh, du curry ! Avec des amandes et des pois chiches qui plus est ! Encore une bonne excuse pour déguster un gewurztraminer.

Grand Cru Sonnenglanz – Domaine Bott-Geyl
AOC Grand Cru d'Alsace – Blanc
100 % gewurztraminer

PERSONNES 6

TARTARE

D'ALGUES ET MAYONNAISE D'AVOCAT

Pour faire aimer les algues à ceux qui poussent des cris d'orfraie à leur simple évocation, il suffit de leur préparer un tartare d'algues savamment condimenté et d'y ajouter une belle cuillerée de mayonnaise d'avocat. Mission séduction réussie.

POUR LE TARTARE D'ALGUES • 50 g de wakamé frais • 2 c. à soupe de câpres • 1 c. à café de moutarde douce • 1 c. à café de vinaigre de cidre • 1 c. à soupe d'huile de noix

POUR LA MAYONNAISE D'AVOCAT • 2 avocats • 2 c. à soupe de crème liquide de millet • 1 c. à soupe de jus de citron • 1 c. à soupe de miso blanc (facultatif) • 1 pincée de paprika en poudre • Sel et poivre

POUR LE TARTARE DE LÉGUMES • 1 courgette • 1 tomate

Préparer le tartare d'algues. Placer le wakamé dans une passoire et rincer sous un filet d'eau froide pendant 2 minutes. Bien essorer en pressant les algues. Déposer sur une planche à découper et hacher grossièrement. Hacher les câpres et mélanger. Ajouter la moutarde, le vinaigre et l'huile. Mélanger le tout et placer dans un bol.
Préparer la mayonnaise d'avocat. Mixer la chair des avocats avec la crème, le jus de citron, le miso blanc, le paprika, sel et poivre.
Pour le tartare de légumes, couper les légumes en tout petits dés. Disposer au fond de 6 petits bocaux. Garnir de tartare de wakamé et de mayonnaise d'avocat. Servir frais.

VERSION HIVERNALE : Remplacer courgette et tomate par du chou blanc émincé finement.

SUGGESTION DE VINS VEGAN On ne peut pas se contenter de la couleur d'un plat pour trouver le vin adéquat. Et pourtant, le vert appelle inexorablement le sauvignon blanc.

***Menetou-Salon* – Domaine Philippe Gilbert**
AOC Menetou-Salon – Blanc
100 % sauvignon blanc

PERSONNES 6

PÂTÉ
VÉGÉTAL FORESTIER

À défaut de pâté de foie de volaille ou de terrine de campagne, on pourra tartiner à loisir cette alternative qui réunit nos saveurs d'automne favorites : noix, châtaignes, champignons.

INGRÉDIENTS • 175 g de champignons de Paris frais (ou un mélange avec des shiitakés) • 2 échalotes • 1 c. à soupe d'huile d'olive • 100 g de tofu fumé • 75 g de châtaignes cuites au naturel • 2 c. à soupe d'huile de noix • 120 ml de lait végétal nature • 1 c. à café rase d'agar-agar • Sel et poivre

Peler et émincer les champignons de Paris. Peler, dégermer et émincer les échalotes. Faire revenir le tout dans l'huile d'olive jusqu'à ce que les champignons aient rendu tout leur jus. Saler et poivrer en cours de cuisson.
Mixer avec le tofu fumé, les châtaignes et l'huile de noix.
Dans une petite casserole, verser le lait et ajouter l'agar-agar en pluie. Porter à frémissement et compter 15 secondes. Mixer avec le reste des ingrédients.
Transférer le mélange dans un plat à terrine, lisser la surface et laisser refroidir à température ambiante. Couvrir et placer au réfrigérateur pendant au moins 1 heure.
Servir frais, avec des tartines de pain grillé, des blinis ou des crackers de sarrasin.

POUR LES FÊTES : Apportez une note festive en ajoutant 1 giclée de vin blanc et en remplaçant l'huile de noix par de l'huile de coco désodorisée, pour un foie gras végétal plus vrai que nature.

SUGGESTION DE VINS VEGAN Des châtaignes et des champignons, ce pâté sent bon la forêt. Si l'on y ajoute l'arôme fumé apporté par le tofu, on obtient un plat qui tiendra sans frémir la dragée haute à un vin rouge charnu.

Simon – Clos Marie – AOC Languedoc / Pic Saint Loup – Rouge
Assemblage de grenache noir, syrah et mourvèdre

Pour être tenu au courant de nos publications,
envoyez vos coordonnées à : info@laplage.fr
www.laplage.fr

ISBN : 978-2-84221-530-9
Achevé d'imprimer en mars 2017

Conception graphique : David Cosson – dazibaocom.com
Lecture-correction : Isabelle Delatour Nicloux

Imprimé sur du papier issu de forêts gérées durablement, à Barcelone, sur les presses de Beta (ES), imprimeur labellisé pour ses pratiques respectueuses de l'environnement.

FSC
MIXTE
Papier
FSC® C112206